Impressum
Verlag: BABADADA GmbH, Nedderfeld 112 , 22529 Hamburg
Geschäftsführer / Verlagsleitung: Harald Hof
Druck: Books on Demand GmbH, In de Tarpen 42, 22848 Norderstedt

Imprint
Publisher: BABADADA GmbH, Nedderfeld 112 , 22529 Hamburg, Germany
Managing Director / Publishing direction: Harald Hof
Print: Books on Demand GmbH, In de Tarpen 42, 22848 Norderstedt, Germany

# kool

## ትምህርት ቤት

klassiruum
መማሪያ ክፍል
jagama
ማካፈል
186/2
tahvel
ሰሌዳ
koolihoov
የትምህርት ቤት ቅጥር ግቢ
õpetaja
መምህር
paber
ወረቀት
kirjutama
መፃፍ
pastapliiats
እስክሪብቶ
kirjutuslaud
መፃፊያ ጠረጴዛ
joonlaud
ማስመሪያ
raamat
መጽሐፍ
õpilane
ተማሪ

koolikott

የጀርባ ቦርሳ

pinal

የእርሳስ መያዣ

harilik pliiats

እርሳስ

pliiatsiteritaja

የእርሳስ መቅረጫ

kustukumm

ላጲስ

joonistusplokk

የስዕል ደብተር

2 kool - ትምህርት ቤት

joonistus

ስዕል

pintsel

የቀለም ብሩሽ

värvikarp

የቀለም ሳጥን

käärid

መቀስ

liim

ማጣበቂያ

töövihik

መልመጃ ደብተር

kodutöö

የቤት ስራ

number

ቁጥር

liitma

መደመር

lahutama

መቀነስ

korrutama

ማባዛት

arvutama

ቁጥሮችን ማስላት

täht

ደብዳቤ

tähestik

ፊደላት

sõna

ቃል

tekst

ፅሑፍ

lugema

ማንበብ

kriit

ጠመኔ

koolitund

ትምህርት

klassipäevik

ምዝገባ

eksam

ፈተና

tunnistus

ሰርተፊኬት

koolivorm

የትምህርት ቤት የደንብ ልብስ

haridus

ትምህርት

entsüklopeedia

አዉደ ጥበብ

ülikool

ዩኒቨርስቲ

mikroskoop

የምርምር አጉሊ መሳርያ

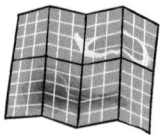

kaart

ካርታ

paberikorv

የቆሻሻ ወረቀት መጣያ ቅርጫት

hotell
ሆቴል
hostel
ማረፊያ ቤት
ROOMS
valuutavahetuspunkt
የዉጭ ገንዘብ ምንዛሪ ቢሮ
kohver
ልብስ መያዣ
ሻንጣ
auto
መኪና

keel

ቋንቋ

jah / ei

አዎ/ አይደለም

okei

እሺ

Tere!

ሰላም

tõlk

አስተርጓሚ

Aitäh!

አመሰግናለሁ

Kui palju maksab …?

ስንት ነዉ.......?

Ma ei saa aru

አልገባኝም

probleem

እክል

Tere õhtust!

እንደምን አመሹ!

Tere hommikust!

እንደምን አደሩ!

Head ööd!

መልካም ምሽት!

Head aega!

ደህና ይሰንብቱ

suund

አቅጣጫ

pagas

ሻንጣ

kott

ቦርሳ

seljakott

የጀርባ ቦርሳ

külaline

እንግዳ

tuba

ክፍል

magamiskott

የመተኛ ቦርሳ

telk

ድንኳን

turismiinfo

የጎብኚዎች መረጃ

rand

የባህር ዳርቻ

krediitkaart

ክሬዲት ካርድ

hommikusöök

ቁርስ

lõunasöök

ምሳ

õhtusöök

እራት

pilet

ቲኬት

lift

አሳንሰር

postmark

ማህተም

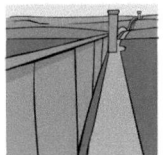

riigipiir

ድንበር

toll

ባህሎች

saatkond

ኤምባሲ

viisa

ቪዛ/የይለፍ ወረቀት

pass

ፓስፖርት

# transport

## መጓጓዣ

lennuk
አዉሮፕላን
laev
መርከብ
tuletõrjeauto
የእሳት አደጋ መኪና
buss
አዉቶብስ
veoauto
የጭነት መኪና
mootorpaat
የሞተር ጀልባ
auto
መኪና
jalgratas
ብስክሌት

praam

የማመላለሻ ጀልባ

paat

ጀልባ

mootorratas

የሞተር ብስክሌት

politseiauto

የፖሊስ መኪና

võidusõiduauto

የዉድድር መኪና

rendiauto

የኪራይ መኪና

ühisauto

የመኪና መጋራት

puksiirauto

ጎታች መኪና

prügiauto

የቆሻሻ ጭነት መኪና

mootor

ሞተር

kütus

ነዳጅ

tankla

የቤንዚን ማደያ

liiklusmärk

የመንገድ ምልክት

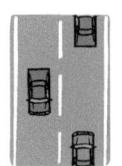

liiklus

የመኪኖች እንቅስቃሴ

liiklusummik

የመኪና መጨናነቅ

parkla

የመኪና ማቆሚያ

raudteejaam

የባቡር ጣቢያ

rööpad

የባቡር ሀዲዶች

rong

ባቡር

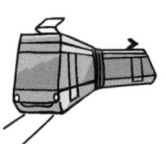

tramm

የኤሌክትሪክ ባቡር

vagun

ሰረገላ

helikopter

ሄሊኮፕተር

lennujaam

አየር ማረፊያ

torn

ማማ

reisija

መንገደኛ

konteiner

ማስቀመጫ፤ ማጠራቀሚያ

pappkast

ካርቶን እቃ ማሸጊያ

käru

ጋሪ፤ ተሳቢ

korv

ቅርጫት

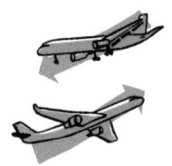

õhku tõusma / maanduma

መነሳት/ ማረፍ

## linn

## ከተማ

küla

መንደር

kesklinn

የከተማ ማዕከል

maja

ቤት

kino
ሲኔማ

reklaam
ማስታወቂያ

tänavalatern
የመንገድ ዳር
መብራት

CINEMA

tänav
መንገድ

takso
ታክሲ

jalakäija
እግረኛ

kiosk
የቁርስ መቆያ ሱቅ

könnitee
ድንጋይ የተነጠፈበት የእግረኛ
መንገድ

ülekäigurada
የእግረኛ መሻገሪያ

prügikonteiner
የቆሻሻ ማጠራቀሚያ

ristmik
ማቋረጫ

valgusfoor
የትራፊክ
መብራቶች

osmik

ጎጆ

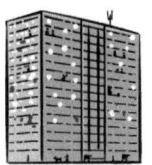

kortermaja

አፓርታማ

raudteejaam

የባቡር ጣቢያ

raekoda

የከተማ አዳራሽ

muuseum

ቤተ መዘክር

kool

ትምህርት ቤት

ülikool

ዩኒቨርስቲ

pank

ባንክ

haigla

ሆስፒታል

hotell

ሆቴል

apteek

መድሐኒት ቤት

kontor

ቢሮ

raamatupood

መፅሐፍ መሸጫ

kauplus

ሱቅ

lillepood

የአበባ መሸጫ

supermarket

የሸቀጣ ሸቀጥ መደብር

turg

ገበያ ስፍራ

kaubamaja

መደብር

kalapood

የዓሳ ነጋዴ

kaubanduskeskus

የገበያ ማዕከል

sadam

ወደብ

park

መናፈሻ ቦታ

pink

አግዳሚ ወንበር

sild

ድልድይ

trepp

ደረጃዎች

metroo

ዉስጥ ለዉስጥ

tunnel

ዋሻ

bussipeatus

የአዉቶቡስ ፌርማታ

baar

ባር

restoran

ምግብ ቤት

postkast

የፖስታ ሳጥን

tänavasilt

የመንገድ ምልክት

parkimisautomaat

የመኪና ማቆሚያ ሒሳብ የሚያሰላ ማሽን

loomaaed

የደር እንስሳት ማቆያ

ujula

የመዋኛ ገንዳ

mošee

መስጊድ

|  |  |  |
|:---:|:---:|:---:|
| talu | reostus | surnuaed |
| እርሻ | የሚበክል ነገር | መቃብር ስፍራ |

|  |  |  |
|:---:|:---:|:---:|
| kirik | mänguväljak | tempel |
| ቤተ ክርስቲያን | መጫወቻ ሜዳ | ቤተ መቅደስ |

## maastik
### መልከዓምድር

leht
ቅጠል

teeviit
የመንገድ ላይ
ምልክት

tee
መንገድ

aas
አረንጓዴ መስክ

kivi
ድንጋይ

puu
ዛፍ

matkaja
በእግሩ የሚጓዝ

jõgi
ወንዝ

rohi
ሳር

lill
አበባ

org

ሸለቆ

mägi

ኮረብታ

järv

ሀይቅ

mets

ጫካ

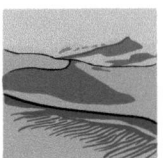

kõrb

በረሃ

vulkaan

እሳተ ገሞራ

linnus

ግምብ

vikerkaar

ቀስተ ዳመና

seen

እንጉዳይ

palm

የቴምብር ዛፍ/ ዘንባባ

sääsk

ቢንቢ/ የወባ ትንኝ

kärbes

በራሪ

sipelgas

ጉንዳን

mesilane

ንብ

ämblik

ሸረሪት

mardikas

ጢንዚዛ

konn

እንቁራሪት

orav

ሽኮኮ

siil

ጃርት

jänes

ጥንቸል

öökull

ጉጉት ወፍ

lind

ወፍ

luik

የዉሃ ዳክዬ

metssiga

ከርከሮ

hirv

አጋዘን

põder

አጋዘን

pais

ግድብ

tuuleturbiin

በነፋስ የሚሽከረከር

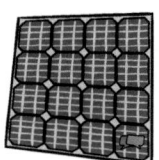

päikesepaneel

የፀሀይ ፓኔሎ

kliima

አየር ንብረት

# restoran

## ምግብ ቤት

kelner
አስተናጋጅ
menüü
tool
ወንበር
supp
ሾርባ
pitsa
ፒዛ
söögiriistad
መክተፊያ
laudlina
የጠረጴዛ ጨርቅ

eelroog

የምግብ ፍላጎትን የሚከፍት ምግብ

pearoog

ዋና ምግብ

magustoit

ማጣጣሚያ ተከታይ ምግብ

joogid

መጠጦች

toit

ምግብ

pudel

ጠርሙስ

kiirtoit

ፈጣን ምግብ

tänavatoit

የመንገድ ምግብ

teekann

የሻይ ማንቆርቆሪያ

suhkrutoos

የስኳር እቃ

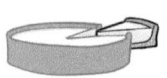

portsjon

ድርሻ

espressomasin

የቡና ማፊያ ማሽን

lastetool

ባለጌ ወንበር

arve

የክፍያ ደረሰኝ

kandik

ትሪ

nuga

ቢላዋ

kahvel

ሹካ

lusikas

ማንኪያ

teelusikas

የሻይ ማንኪያ

salvrätik

ልብስ ምግብ እንዳይነካ የሚረዳ ጨርቅ

klaas

ብርጭቆ

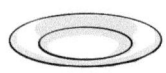

taldrik

ዝርግ ሰሀን

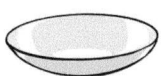

supitaldrik

የሾርባ ጎድጓዳ ሰሀን

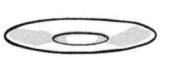

alustass

የስኒ ማስቀመጫ

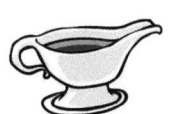

kaste

ማጣፈጫ ስጎ

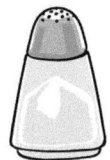

soolatoos

የጨዉ እቃ

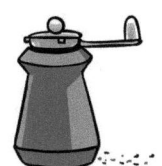

pipraveski

የተፈጨ ቃሪያ

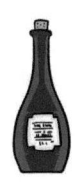

äädikas

ኮምጣጤ

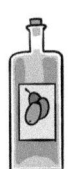

õli

የምግብ ዘይት

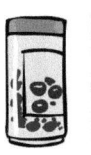

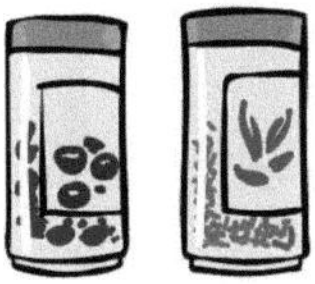

vürtsid

ቀመማ ቅመሞች

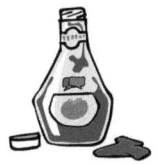

ketšup

የቲማቲም ድልህ

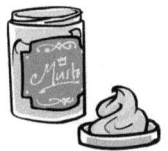

sinep

ሰናፍጭ

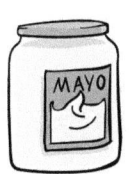

majonees

ማዮኒዝ

# supermarket
## የሸቀጣ ሸቀጥ መደብር

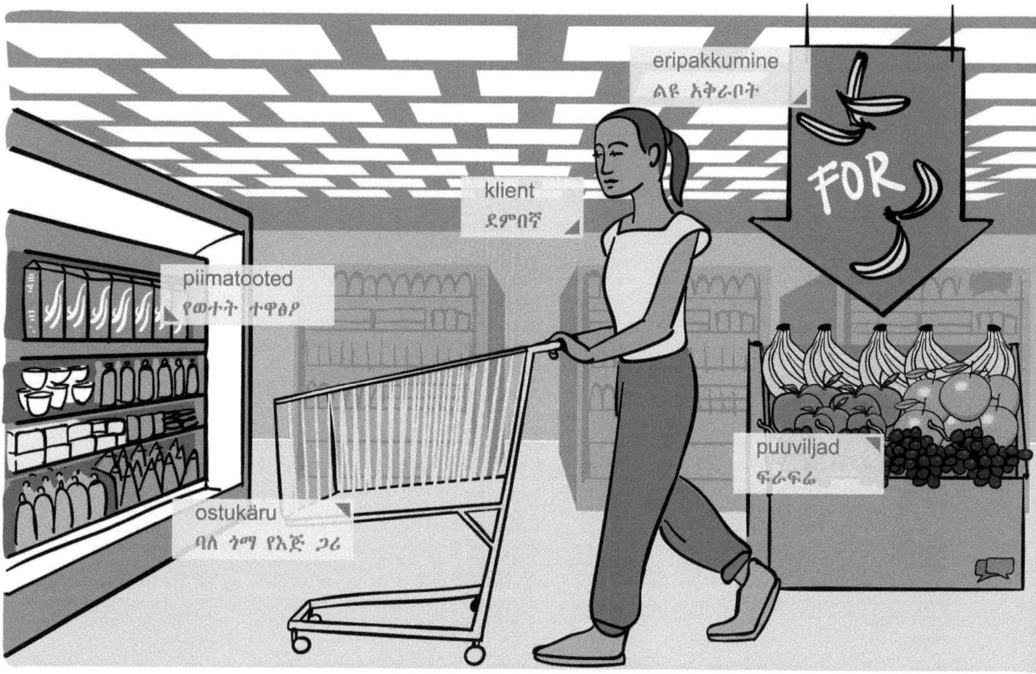
eripakkumine
ልዩ አቅራቦት
FOR
klient
ደምበኛ
piimatooted
የወተት ተዋፅዖ
puuviljad
ፍራፍሬ
ostukäru
ባለ ጎማ የእጅ ጋሪ

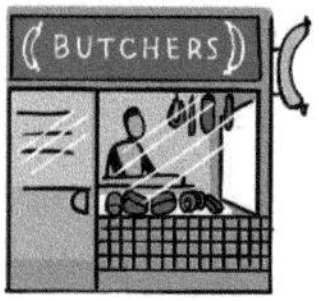
BUTCHERS

lihapood

ሉካንዳ ነጋዴ

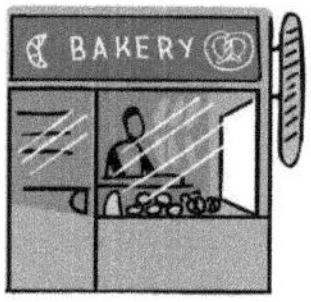
BAKERY

pagariäri

መጋገርያ

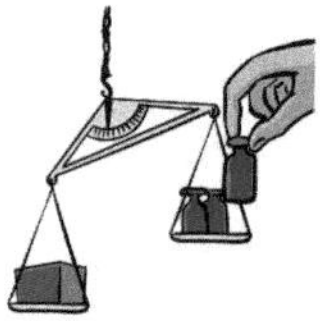

kaaluma

ክብደት መመዘን

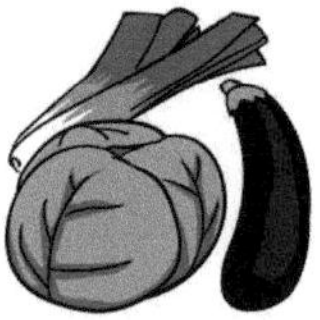

köögiviljad

ቅጠላ ቅጠል አትክልት

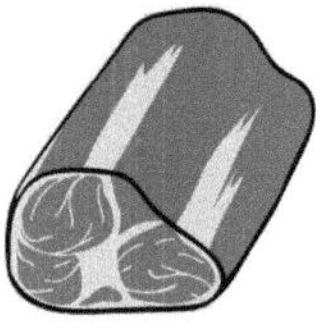

liha

ስጋ

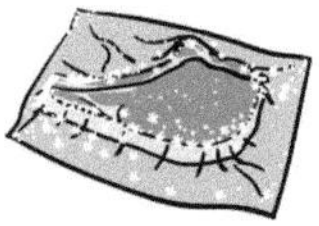

külmutatud toit

የቀዘቀዘ/የረጋ ምግብ

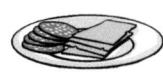

lihalõigud

ቀዝቃዛ ቁራጭ

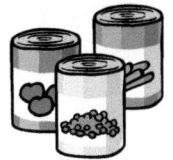

konservid

የታሸገ ምግብ

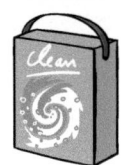

pesupulber

የማጠቢያ ዱቄት

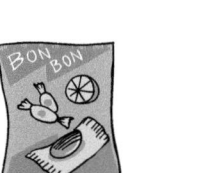

maiustused

ጣፋጮች

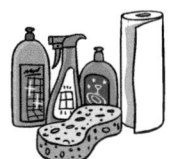

majatarbed

የቤት ዉስጥ ዉጤቶች

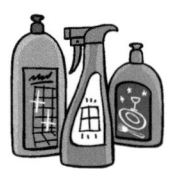

puhastustooted

የፅዳት ምርቶች

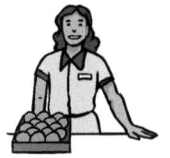

müüja

የሽያጭ ባለሙያ

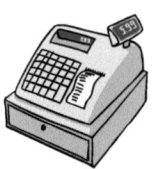

kassaaparaat

የገንዘብ መመዝቢያ ማሽን

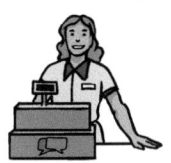

kassapidaja

የሒሳብ ሰራተኛ

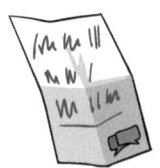

ostunimekiri

የግዢ ዝርዝር

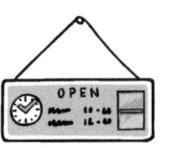

lahtiolekuajad

ክፍት ሰዓታት

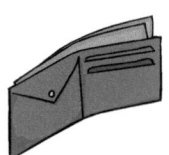

rahakott

የኪስ ቦርሳ

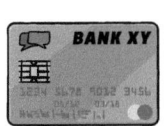

krediitkaart

ክሬዲት ካርድ

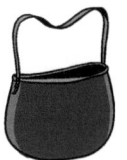

kott

ቦርሳ

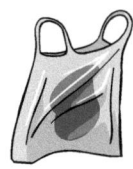

kilekott

የፕላስቲክ ቦርሳ

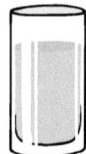

# joogid

## መጠጦች

vesi

ውሃ

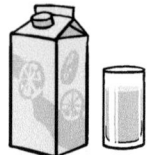

mahl

ጭማቂ

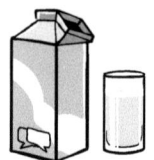

piim

ወተት

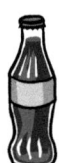

koola

ኮካ-ኮላ

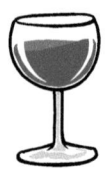

vein

ወይን

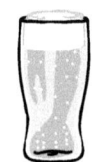

õlu

ቢራ

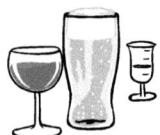

alkohol

አልኮል

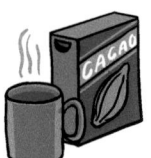

kakao

ኮካ

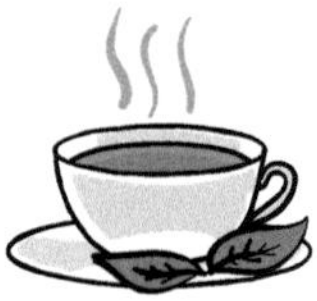

tee

ሻይ

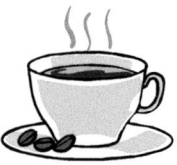

kohv

ቡና

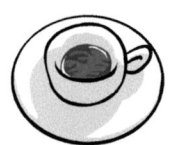

espresso

የተፈላ ቡና

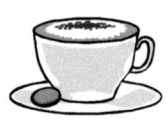

cappuccino

ካፑቺኖ

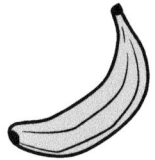

banaan

ሙዝ

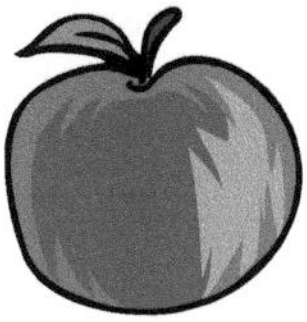

õun

ፖም

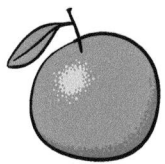

apelsin

ብርቱካን

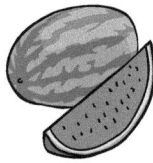

arbuus

ሀብሀብ

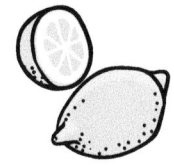

sidrun

ሎሚ

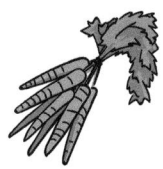

porgand

ካሮት

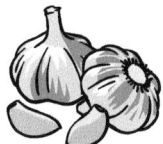

küüslauk

ነጭ ሽንኩርት

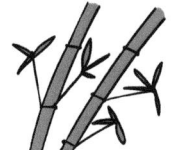

bambus

ሸምበቆ

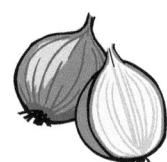

sibul

ቀይ ሽንኩርት

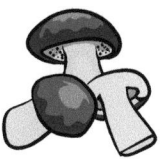

seen

እንጉዳይ

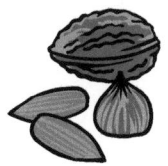

pähklid

ለዉዝ

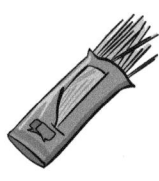

nuudlid

የህፃናት ምግብ

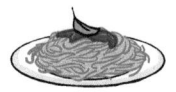

spagetid

ፓስታ

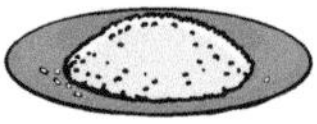

riis

ሩዝ

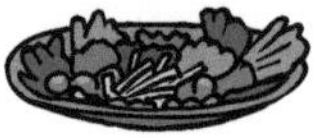

salat

ሰላጣ

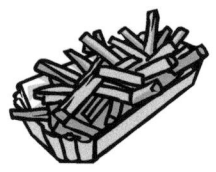

friikartulid

የድንች ጥብስ

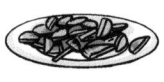

praekartulid

ድንች ጥብስ

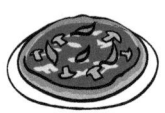

pitsa

ፒዛ

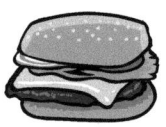

hamburger

ዳቦ ዉስጥ በስሱ ተጠብሶ የገባ ስጋ

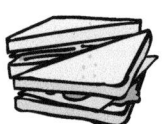

võileib

ሳንድዊች

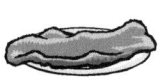

šnitsel

ጥሬ ስጋ

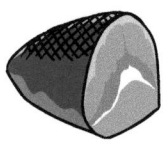

sink

የአሳማ ስጋ

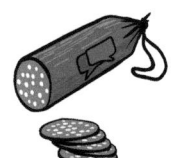

salaami

በቅመምና በጨዉ የታሸ ምግብ ቀዝቅዞ የሚበላ ሾርባ ምግብ

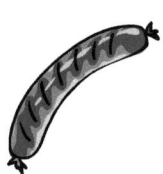

vorst

ቋሊማ

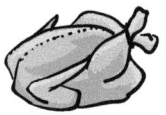

kana

ዶሮ

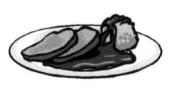

praeliha

ጥብስ

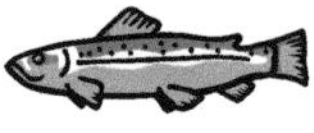

kala

አሳ

kaerahelbed

የአጃ ገንፎ

müsli

ከወተት ጋር ተደባልቀዉ የሚበሉ ምግቦች

maisihelbed

የበቆሎ ቅርፊት

jahu

ዱቄት

sarvesai

ኩራሳ

kukkel

ድብልብል ዳቦ

leib

ዳቦ

röstsai

መጥበስ

küpsised

ብስኩት

või

ቅቤ

kohupiim

እርጎ

kook

ኬክ

muna

እንቁላል

praemuna

እንቁላል ጥብስ

juust

አይብ

jäätis

የበረዶ ክሬም

suhkur

ስኳር

mesi

ማር

moos

ማርማላት

pähklivõie

የተናጠ የወተት ክሬም

karri

ማጣፈጫ

talumaja
የገበሬ ቤት
laut
የእህልና የከብት ማቀመጫ ቤት
heinapall
የጭድ ክምር
põld
ሜዳ
hobune
ፈረስ
järelkäru
ተሳቢ መኪና
traktor
የእርሻ መኪና
varss
የፈረስ ዉርንጭላ
eesel
አህያ
lammas
በግ
lambatall
የበግ ጠቦት

kits
ፍየል

lehm
ላም

vasikas
ጥጃ

siga
አሳማ

põrsas
ግልገል አሳማ

pull
ኮርማ

talu - እርሻ

hani

..................

ዝይ

part

..................

ዳክዬ

tibu

..................

የዶሮ ጫጩት

kana

..................

ዶሮ

kukk

..................

አዉራ ዶሮ

rott

..................

አይጥ

kass

..................

ደድመት

hiir

..................

አይጥ

härg

..................

በሬ

koer

..................

ዉሻ

koerakuut

..................

የዉሻ ቤት

aiavoolik

..................

የአትክልት ቦታ

kastekann

..................

ዉሃ ማጠጫ ባልዲ

vikat

..................

ረጅም ማጭድ

ader

..................

ማረሻ

sirp

ማጭድ

kõblas

መኮትኮቻ

hang

የእህል መንሽ

kirves

መጥረቢያ

käru

ኩርኩር/ የእጅ ጋሪ

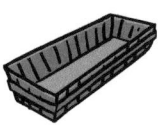

küna

ገንዳ

piimanõu

የወተት ዕቃ

kott

ጆንያ ከረጢት

tara

አጥር

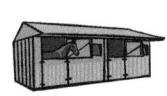

tall

የፈረስ ጋጣ

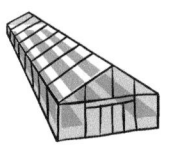

kasvuhoone

ዕፅዋት ማሳደጊያ የመስታዉት
ቤት

muld

አፈር

seeme

ዘር

väetis

የመሬት ማዳበሪያ

kombain

ጥምር ማረሻ

saaki koristama

አዝመራ መሰብሰብ

saagikoristus

አዝመራ

jamss

ድንች

nisu

ስንዴ

soja

ሶያ

kartul

ድንች

mais

በቆሎ

raps

የከብት መኖ

viljapuu

የፍሬ ዛፍ

maniokk

የካሳቫ ዛፍ

teravili

እህል

# maja

# ቤት

korsten
የጪስ ማዉጫ
katus
ጣራ
vihmaveetoru
አሸንዳ
aken
መስኮት
garaaž
ጋራዥ
uksekell
የበር ደወል
uks
በር
prügikast
የቀቆሻሻ ማጠራቀሚያ
postkast
ፖስታ ሳጥን
aed
የአትክልት ቦታ

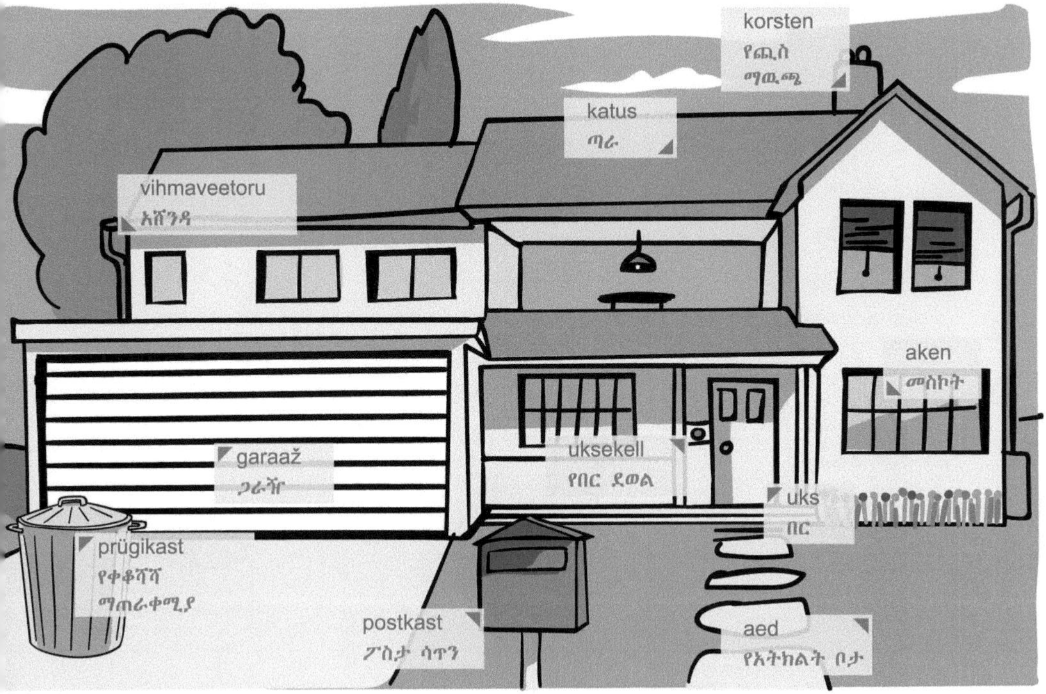

elutuba

ሳሎን

vannituba

መታጠቢያ ቤት

köök

ማድቤት

magamistuba

መኝታ ቤት

lastetuba

የልጅ ክፍል

söögituba

መመገቢያ ክፍል

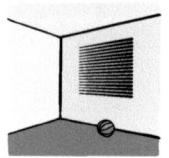

põrand

ወለል

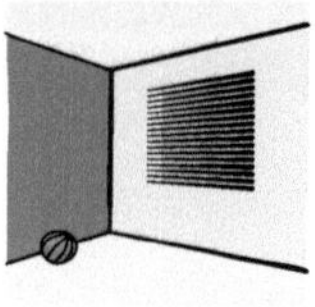

sein

ግድግዳ

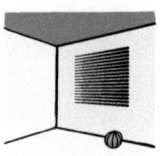

lagi

ጣሪያ

kelder

ምድር ቤት

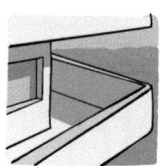

saun

በእንፋሎት ሙቀት መታጠቢያ ቤት

rõdu

ሰገነት

terrass

ከፍ ያለ መደብ

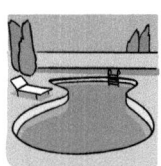

bassein

የመዋኛ ገንዳ

muruniiduk

የማጨጃ መኪና

voodilina

አንሶላ

päevatekk

የአልጋ ልብስ

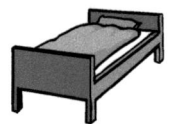

voodi

አልጋ

luud

መጥረጊያ

ämber

ባልዲ

lüliti

ማብሪያና ማጥፊያ

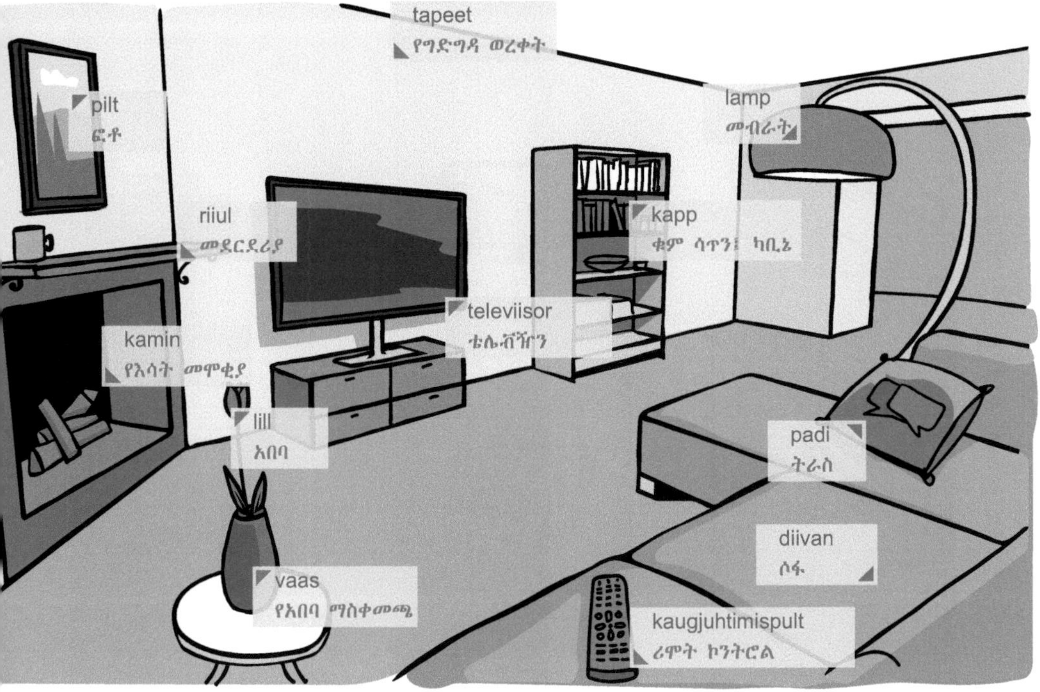

tapeet
የግድግዳ ወረቀት

pilt
ፎቶ

lamp
መብራት

riiul
መደርደሪያ

kapp
ቁም ሳጥን፣ ካቢኔ

televiisor
ቴሌቪዥን

kamin
የእሳት መሞቂያ

lill
አበባ

padi
ትራስ

diivan
ሶፋ

vaas
የአበባ ማስቀመጫ

kaugjuhtimispult
ሪሞት ኮንትሮል

vaip
ንጣፍ

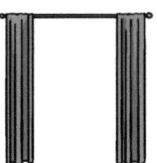

kardin
መጋረጃ

laud
ጠረጴዛ

tool
ወንበር

kiiktool
ተወዛዋዥ ወንበር

tugitool
ባለመደገፊያ ወንበር

raamat

መጽሐፍ

tekk

ብርድ ልብስ

kaunistus

ጌጥ

küttepuud

ማገዶ

film

ፊልም

helisüsteem

የሙዚቃ መሣሪያዎች

võti

ቁልፍ

ajaleht

ጋዜጣ

maal

ስዕል

plakat

የተለጠፈ ማስታወቂያ እንደ ስዕል

raadio

ራዲዮ

märkmik

ማስታወሻ ደብተር

tolmuimeja

የአየር ማፅጃ ለምንጣፍ

kaktus

ቁልቋል

küünal

ሻማ

# köök

## ማድቤት

külmik
ማቀዝቀዣ
mikrolaineahi
ማይክሮዌቭ ምግብ ማብሰያ
köögikaal
የኩሽና መመዘኛ ሚዛን
röster
ዳቦ መጥበሻ
pesuvahend
ንፁህ ማድረጊያ
ahi
ምድጃ
sügavkülmik
ማቀዝቀዣ
prügikast
የቆሻሻ ማጠራቀሚያ
nõudepesumasin
እቃ ማጠቢያ

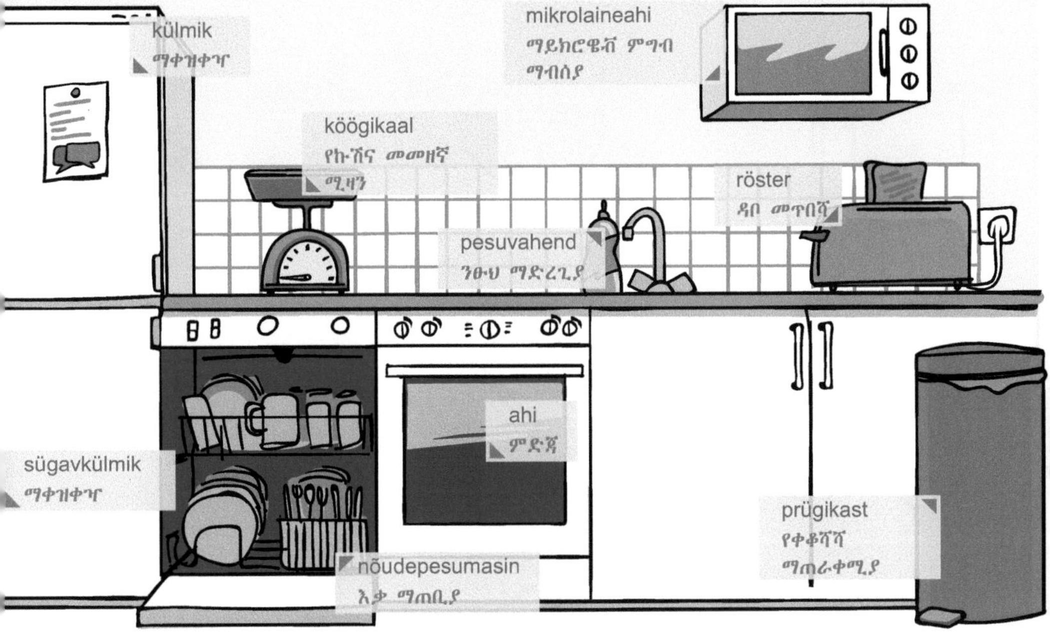

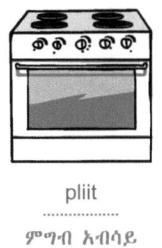

pliit

ምግብ አብሳይ

pott

ማሰሮ

malmpott

የብረት ማሰሮ

vokkpann

ምግብ ማብሰያ ዝርግ ድስት

pann

የምግብ መጥበሻ

veekeetja

ማንቆርቆሪያ

aurutaja

የእንፋሎት ማብሰያ

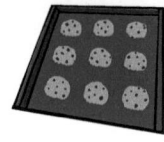

küpsetusplaat

የመጋገሪያ ትሪ

lauanõud

ሰብስቦች

kruus

ትልቅ ኩባያ

kauss

ጎድጓዳ ሳህን

söögipulgad

ቾፕስቲክስ

kulp

ጭልፋ

pannilabidas

መስቅሰቂያ ዝርግ ማንኪያ

vispel

ማደባለቂያ

kurn

መወጠሪያ

sõel

ወንፊት

riiv

መፈርፈሪያ መሳሪያ

uhmer

ሲሚንቶ

grill

የፍም ጥብስ

lahtine tuli

የተለቀቀ እሳት

lõikelaud

..................

መክተፊያ

tainarull

..................

ተንሸራታች መርፌ

korgitser

..................

የጠርሙስ መክፈቻ

konservipurk

..................

ጣሳ

konserviavaja

..................

የጣሳ መክፈቻ

pajakinnas

..................

የማሰሮ መሸፈኛ

kraanikauss

..................

ሳህን ማጠቢያ

hari

..................

ብሩሽ

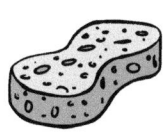

pesukäsn

..................

ስፖንጅ

kannmikser

..................

መደባለቂያ መሳሪያ

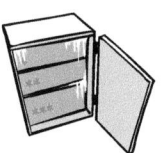

sügavkülmuti

..................

በጣም ማቀዝቀዣ

lutipudel

..................

ጡጦ

segisti

..................

ቧንቧ

# vannituba

## መታጠቢያ ቤት

käterätik
ፎጣ
መታጠቢያ
dušikardin
የመታጠቢያ ቤት መጋረጃ
mullivann
የአረፋ መታጠቢያ
vann
የመታጠቢያ ገንዳ
klaas
ብርጭቆ
pesumasin
የልብስ ማጠቢያ
segisti
ቧንቧ
plaadid
ማዕዘን ወለል
pissipott
ፖፖ
kraanikauss
ሳህን ማጠቢያ

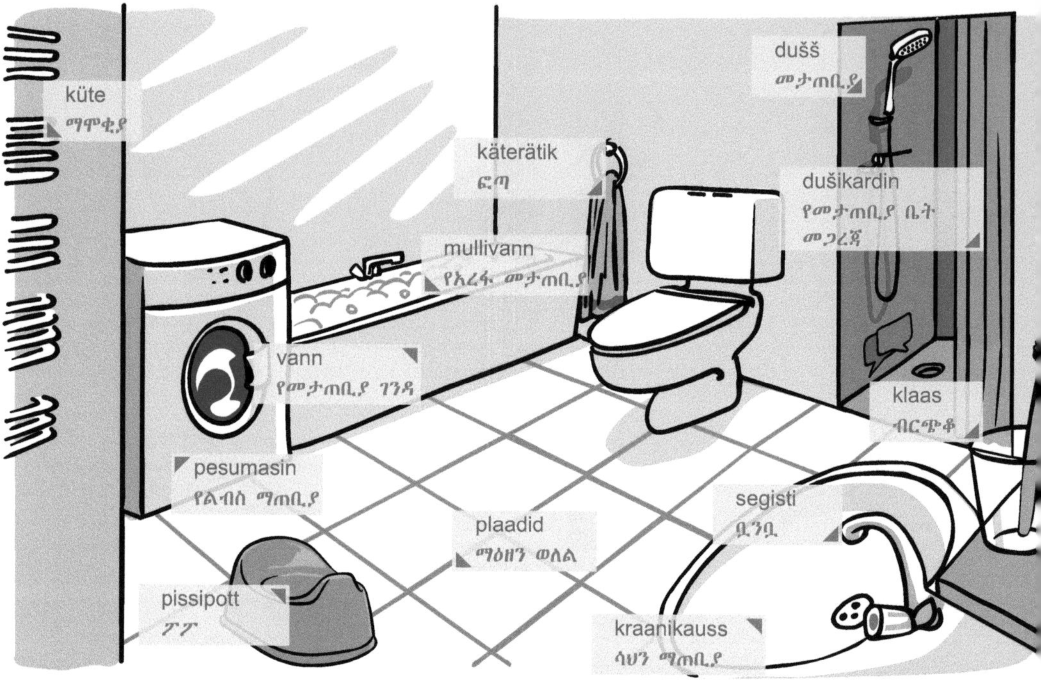

WC-pott

ሽንት ቤት

kükitamistualett

የሽንት ቤት መቀመጫ

bidee

ሳፋ

pissuaar

የመንገድ ዳር መሽኛ

tualettpaber

የሽንት ቤት ወረቀት

WC-hari

የሽንት ቤት ማፅጃ ብሩሽ

hambahari

የጥርስ ብሩሽ

hambapasta

የጥርስ ሳሙና

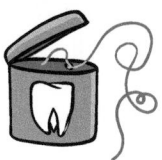

hambaniit

የጥርስ ማፅጃ ክር

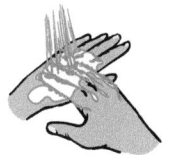

pesema

መታጠብ

käsidušš

የእጅ መታጠቢያ

intiimdušš

መታጠቢያ

pesukauss

ጎድጓዳ ሳህን

seljahari

የጀርባ ብሩሽ

seep

ሳሙና

dušigeel

መታጠቢያ የሚዝለገለግ ሳሙና

šampoon

የፀጉር መታጠቢያ ሳሙና

vamm

ለስላሳ ጨርቅ

äravool

ፍሳሽ

kreem

ክሬም

deodorant

ጠረን መቀየሪያ ንጥረ ነገር

peegel

መስታወት

käsipeegel

የእጅ መስታወት

habemenuga

ምላጭ

raseerimisvaht

የመላጫ አረፋ

habemevesi

ከመላጨት በኋላ የሚቀባ ሽቱ

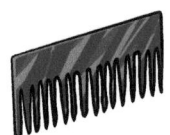

kamm

ማበጠሪያ

hari

ብሩሽ

föön

የፀጉር ማድረቂያ

juukselakk

በፀጉር ላይ የሚነፋ

meigikomplekt

የፊት መቀባቢያ

huulepulk

የከንፈር ቀለም

küünelakk

የጥፍር ቀለም

vatt

የጥጥ ሱፍ

küünekäärid

ጥፍር መቁረጫ

parfüüm

ሽቶ

tualett-tarvete kott

ማጠቢያ ባልዲ

taburet

መቀመጫ

kaal

ሚዛን

hommikumantel

የመታጠቢያ ልብስ

kummikindad

የላስቲክ ጓንት

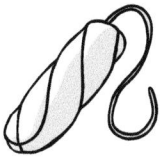

tampoon

ሞዴስ

hügieeniside

የፅዳት ፎጣ

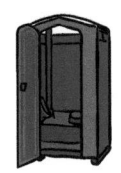

keemiline tualett

የሽንት ቤት ኬሚካል

# lastetuba

## የልጅ ክፍል

äratuskell
የማንቂያ ደዉል ሰዐት
pehme mänguasi
የህፃን አሻንጉሊት
mänguauto
የመጫወቻ መኪና
kõristi
ማንገጫገጫ መጫወቻ
nukumaja
የአሻንጉሊት ቤት
kingitus
ስጦታ

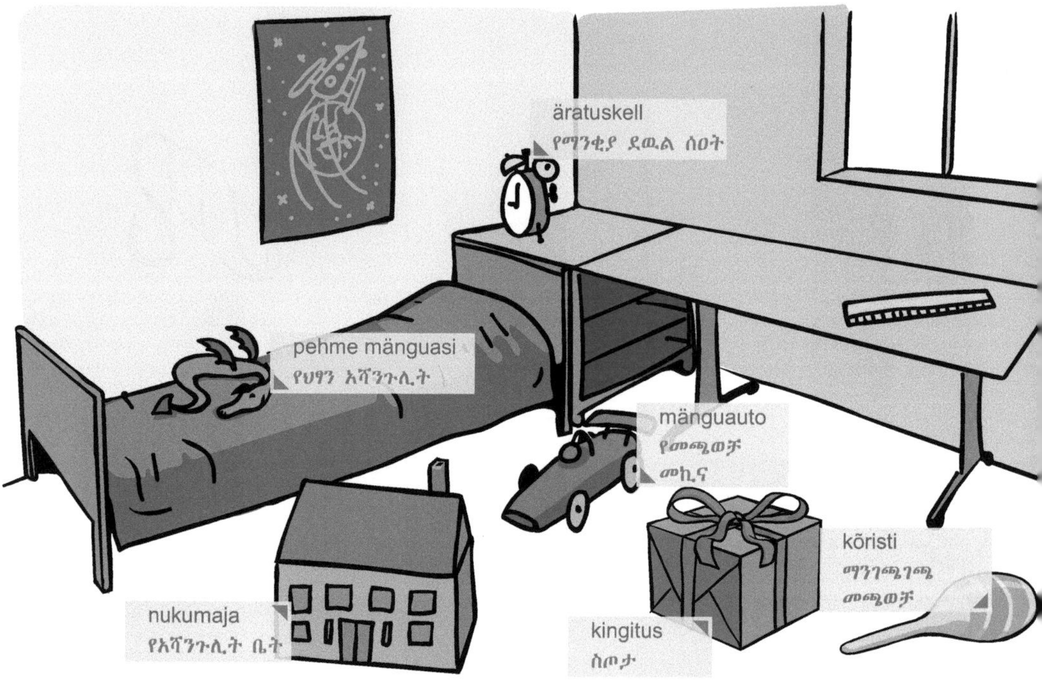

õhupall

ፊኛ

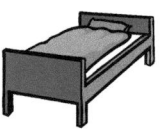

voodi

አልጋ

lapsevanker

የህፃን ማንሸራሸሪያ ጋሪ

kaardipakk

የካርታ መጫወቻ

pusle

ቁርጥራጭ ምስሎችን የማገጣጠም
እና ምስል የማግኘት ጨዋታ

koomiks

አዝናኝ

Lego klotsid

ተገጣጣሚ መጫወቻ

klotsid

የመጫወቻ መገጣጠሚያዎች

kujuke

የድርጊት ምስል

siputuspüksid

የህፃን እድገት

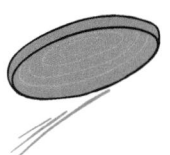

lendav taldrik

የፕላስቲክ መጫወቻ ዝርግ ሰሀን

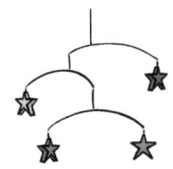

voodikarussell

ተወዛዋዥ የህፃን ማጫወቻ

lauamäng

የሰሌዳ ጨዋታ

täringud

የመጫወቻ ጠጠር

mudelrong

የመጫወቻ ባቡር

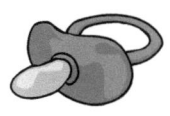

lutt

የእንጀራ እናት ጡጦ

pidu

ድግስ

pildiraamat

የስዕል መፅሀፍ

pall

ኳስ

nukk

አሻንጉሊት

mängima

መጫወት

liivakast

የአሸዋ መጫወቻ

kiik

ዥዋዥዌ

mänguasjad

መጫወቻዎች

mängukonsool

የቪዲዮ መጫወቻ

kolmerattaline jalgratas

ባለ ሶስት ጎማ ብስክሌት

mängukaru

የአሻንጉሊት ድብ

riidekapp

ቁምሳጥን

## riietus

## አልባሳት

sokid

ካልሲዎች

sukad

ስቶኪንጎች

sukkpüksid

ታይት

sall
የአንገት ልብስ

vöö
ቀበቶ

vihmavari
ጥንጥላ

T-särk
ከናቴራ

saapad
ቦቲ

sussid
የቤት ዉስጥ ነጠላ ጫማ

tossud
ስኒከሮች

sandaalid

ነጠላ ጫማዎች

jalatsid

ጫማዎች

kummikud

የዝናብ ቡትስ

aluspüksid

ሙታንታ

rinnahoidja

ጡት መያዣ

vest

ሰደርያ

bodi

ሰዉነት

püksid

ሱሪዎች

teksapüksid

ጅንስ

seelik

ጉርድ ቀሚስ

pluus

ሸሚዝ

särk

ሸሚዝ

sviiter

የሚጠለቅ ሹራብ

dressipluus

ሹራብ

bleiser

ዩኒፎርም ጃኬት

jakk

ጃኬት

mantel

ኮት

vihmamantel

የዝናብ ኮት

kostüüm

ልብስ

kleit

ቀሚስ

pulmakleit

የሙሽራ ቀሚስ

ülikond
..................
ሱፍ

öösärk
..................
የለሊት ልብስ

pidžaama
..................
የለሊት ልብስ

sari
..................
ረጅም ቀሚስ

pearätt
..................
ሂጃብ

turban
..................
ጥምጣም

burka
..................
ቡርቃ

kaftan
..................
ሸርጥ

abayah
..................
አባያ

ujumistrikoo
..................
የዋና ልብስ

ujumispüksid
..................
አጭር ቁምጣ

lühikesed püksid
..................
ቁምጣዎች

dressid
..................
የስራ ቱታ

põll
..................
ሽርጥ

kindad
..................
ጓንት

nööp
..................
ቁልፍ

prillid
..................
መነፅር

käevõru
..................
አምባር

kaelakee
..................
የአንገት ሀብል

sõrmus
..................
ቀለበት

kõrvarõngas
..................
የጆሮ ጌጥ

nokamüts
..................
ኮፍያ

riidepuu
..................
የኮት መስቀያ

kaabu
..................
ኮፍያ

lips
..................
ከረቫት

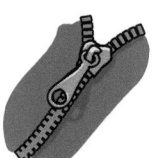

tõmblukk
..................
ዚፕ

kiiver
..................
የብረት ቆብ

traksid
..................
መደገፊያ

koolivorm
..................
የትምህርት ቤት የደንብ ልብስ

vormirõivad
..................
የደንብ ልብስ

pudipõll

መሃረብ

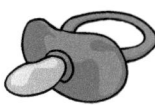

lutt

የእንጀራ እናት ጡጦ

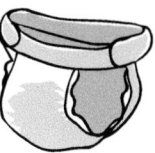

mähe

ሽንት ጨርቅ

# kontor

## ቢሮ

server
ማስራጫ ጣቢያ
arhiivikapp
የፋይል መደርደሪያ ካቢኔ
printer
የህትመት መሳሪያ
paber
ወረቀት
monitor
መቆጣጠሪያ
hiir
ማዉዝ
kirjutuslaud
መፃፊያ ጠረጴዛ
kaust
ማህደር
klaviatuur
የመፃፊ ቁልፎች
paberikorv
የቆሻሻ ወረቀት መጣያ ቅርጫት
arvuti
ኮምፒዉተር
tool
ወንበር

kohvikruus

የቡና መጠጫ ትልቅ ኩባያ

kalkulaator

ማስልያ ማሽን

internet

ኢንተርኔት

sü“learvuti

ላፕቶፕ

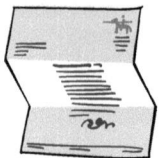

kiri

ደብዳቤ

sõnum

መልዕክት

mobiiltelefon

ተንቀሳቃሽ ስልክ

võrk

የግንኙነት አዉታር

koopiamasin

ማባዣ ማሽን

tarkvara

ሶፍትዌር

telefon

ስልክ

pistikupesa

የግድግዳ ሶኬት

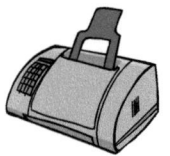

faksimasin

የፋክስ ማሽን

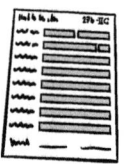

vorm

ቅፅ

dokument

ሰነድ

ostma

መግዛት

maksma

መክፈል

vahetama

መነገድ

raha

ገንዘብ

dollar

ዶላር

euro

ዩሮ

jeen

የን

rubla

ሩብል

Šveitsi frank

የስዊዝ ፍራንክ

renminbi jüaan

ሬንሚንቢ ዩዋን

ruupia

ሩጲ

sularahaautomaat

የገንዘብ ነጥብ

valuutavahetuspunkt

የዉጭ ገንዘብ ምንዛሪ ቢሮ

kuld

ወርቅ

hõbe

ብር

nafta

ዘይት

energia

ሀይል፤ ጉልበት

hind

ዋጋ

leping

ግንኙነት

maks

ቀረጥ

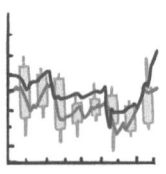

aktsia

አክስዮን

töötama

መስራት

töötaja

ተቀጣሪ

tööandja

ቀጣሪ

tehas

ፋብሪካ

kauplus

ሱቅ

tuletõrjuja
የእሳት አደጋ ሰራተኛ
politseinik
የፖሊስ አዛዥ
kokk
ምግብ አብሳይ
arst
ዶክተር
piloot
አብራሪ

aednik

አትክልተኛ

puusepp

አናጢ

õmbleja

ልብስ ሰፊ ሴት

kohtunik

ዳኛ

keemik

ቀማሚ

näitleja

ተዋናይ

bussijuht

የአዉቶቢስ ሹፌር

taksojuht

የታክሲ ሹፌር

kalamees

አሳ አጥማጅ

koristaja

ፅዳት ሰራተኛ

katusepaigaldaja

የጣራ ሰራተኛ

kelner

አስተናጋጅ

jahimees

አዳኝ

maaler

ሰዓሊ

pagar

ጋጋሪ

elektrik

የኤሌትሪክ ሰራተኛ

ehitaja

ገምቢ

insener

መሃሃዲስ

lihunik

ልኳንዳ

torumees

የቧንቧ ሰራተኛ

postiljon

የፖስታ ሰራተኛ

sõdur

ወታደር

arhitekt

መሃንዲስ

kassapidaja

የሒሳብ ሰራተኛ

lillemüüja

አበባ ሻጭ

juuksur

የፀጉር ሰራተኛ

piletikontrolör

ቲኬት ቆራጭ

mehaanik

መካኒክ

kapten

ካፒቴን

hambaarst

የጥርስ ሐኪም

teadlane

ተመራማሪ

rabi

መምህር

imaam

የሙስሊም ሃይማኖታዊ መሪ

munk

መነኩሴ

preester

ካህን

# tööriistad

## መሳሪያዎች

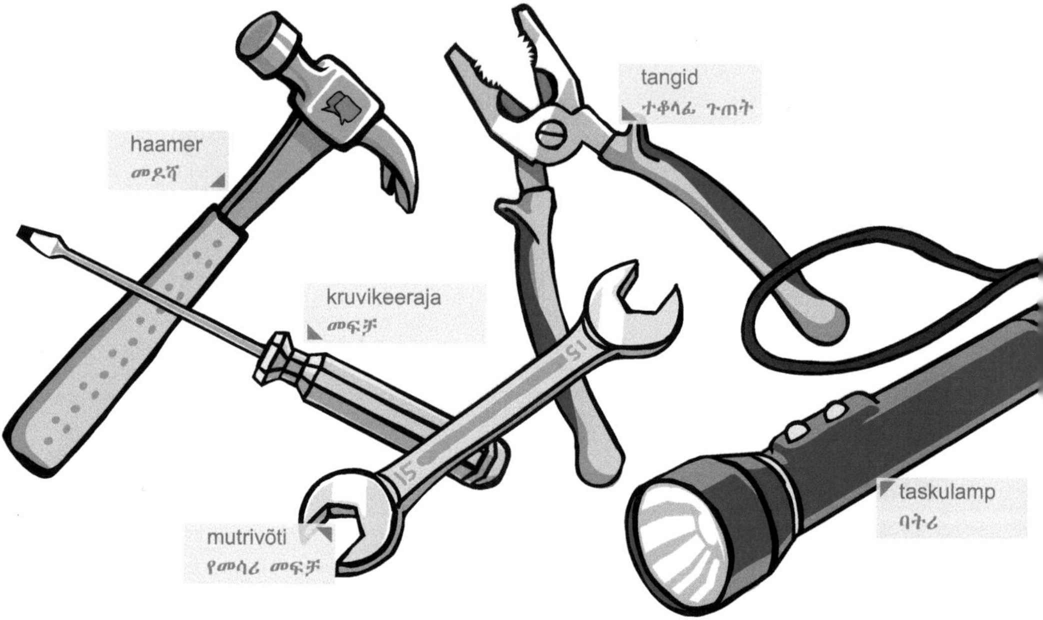

haamer
መዶሻ
tangid
ተቆላፊ ጉጠት
kruvikeeraja
መፍቻ
mutrivõti
የመሳሪ መፍቻ
taskulamp
ባትሪ

ekskavaator

በቁፋሮ የሚዝቅ

tööriistakast

የመፍቻ ሳጥን

redel

መሰላል

saag

መጋዝ

naelad

ምስማር

trell

መሰርሰሪያ

parandama

መጠገን

labidas

አካፋ

Põrgusse!

የተረገመ!

kühvel

ቆሻሻ ማፈሻ

värvipott

የቀለም ቆርቆሮ

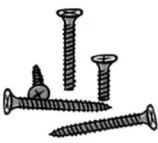

kruvid

ብሎን

## pillid

## የሙዚቃ መሳሪያዎች

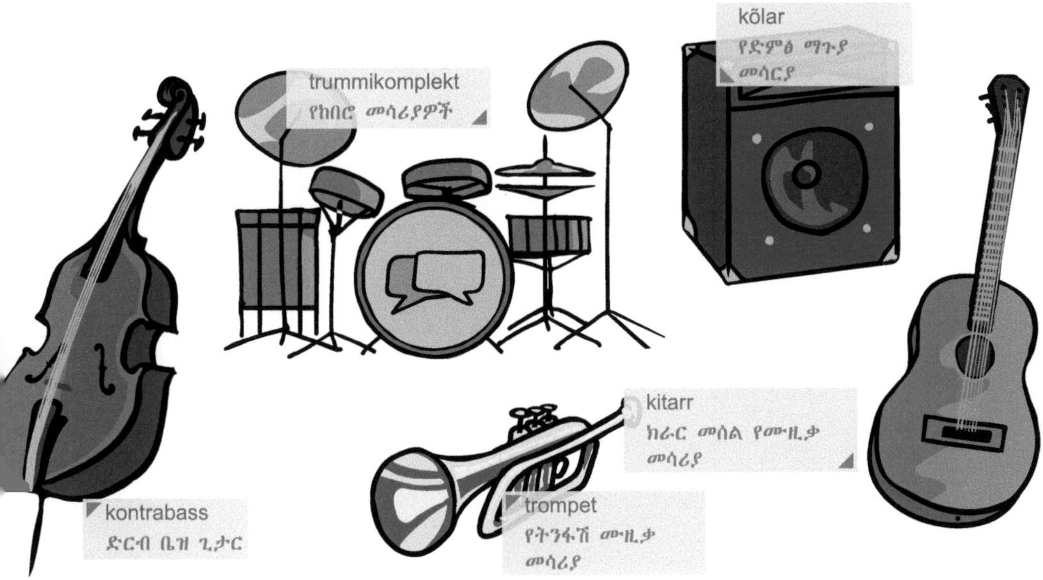

trummikomplekt
የከበሮ መሳሪያዎች
kõlar
የድምፅ ማጉያ
መሳርያ
kitarr
ክራር መሰል የሙዚቃ
መሳሪያ
kontrabass
ድርብ ቤዝ ጊታር
trompet
የትንፋሽ ሙዚቃ
መሳሪያ

pillid - የሙዚቃ መሳሪያዎች 57

klaver

..................

ፒያኖ

viiul

..................

ቫዮሊን

bass

..................

ወፍራም፤ ጎርናና ድምፅ ያለዉ ክራር መሰል ሙዚቃ መሳሪያ

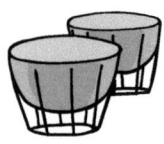

timpan

..................

ነጋሪት

trummid

..................

ከበሮ

süntesaator

..................

በኤሌክትሪክ የሚሰራ ፒኖ

saksofon

..................

የትንፋሽ ሙዚቃ መሳሪያ

flööt

..................

ዋሽንት

mikrofon

..................

የድምፅ ማጉያ

# loomaaed

## የደር እንስሳት ማቆያ

sissepääs
መግቢያ
tiiger
ነብር
puur
ሳጥን
sebra
የሜዳ አህያ
loomasööt
የእንስሳ ምግብ
panda
ትልቅ ድብ

loomad

እንስሳቶች

elevant

ዝሆን

känguru

ካንጋሮ

ninasarvik

አዉራሪስ

gorilla

ትልቅ ዝንጀሮ

karu

ድብ

kaamel

ግመል

jaanalind

ሰጎን

lõvi

አንበሳ

ahv

ጦጣ

flamingo

ቅልጥመ ረዥም ወፍ

papagoi

በቀቀን

jääkaru

የወዋልታ ድብ

pingviin

የዋልታ ወፎች

hai

ረጅም ጥርሶች ያሉትአሳ ነባሪ

paabulind

ጣዎስ

madu

እባብ

krokodill

አዞ

loomaaiatalitaja

የዱር አራዊት የሚጠበቁበት
ማቆያን የሚጠብቅ

hüljes

አሳ በሊታ የባህር እንስሳ

jaaguar

የዱር ድመት

poni

ድንክ ፈረስ

leopard

ነብር

jõehobu

ጉማሬ

kaelkirjak

ቀጭኔ

kotkas

ንስር

metssiga

ከርከሮ

kala

አሳ

kilpkonn

የባህር ኤሊ

morsk

የባህር አዉሬ

rebane

ቀበሮ

gasell

የሜዳ ፍየል፤ ሚዳቋ

## የስፖርት አይነቶች

Ameerika jalgpall
የአሜሪካ እግርኳስ
jalgrattasõit
የብስክሌት ስፖርት
tennis
ቴኒስ
korvpall
የቅርጫት ኳስ
ujumine
ዋና
poksimine
የቡጢ ስፖርት
jäähoki
የበረዶ ላይ የገና ጨዋታ

jalgpall

እግር ኳስ

sulgpall

የላባ ኳስ ጨዋታ

kergejõustik

አትሌቲክስ

käsipall

የእጅ ኳስ ስፖርት

suusatamine

የበረዶ መንሸራተት ስፖርት

polo

ፈረስ ግልቢያ

# tegevused
## እንቅስቃሴዎች

hüppama
መዝለል
kallistama
ማቀፍ
naerma
መሳቅ
jalutama
መራመድ
laulma
መዘመር
unistama
ህልም ማለም
palvetama
መፀለይ
suudlema
መሳም

kirjutama
መፃፍ

joonistama
መሳል

näitama
ማሳየት

lükkama
መግፋት

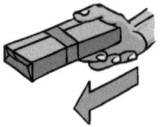

andma
መስጠት

võtma
መዉሰድ

omama

መያዝ

tegema

ማድረግ

olema

መሆን

seisma

መቆም

jooksma

መሮጥ

tõmbama

መሳብ

viskama

መወርወር

kukkuma

መዉደቅ

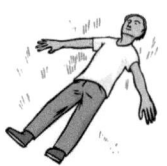

lamama

መዋሸት

ootama

መጠበቅ

kandma

መሸከም

istuma

መቀመጥ

riidesse panema

መልበስ

magama

መተኛት

ärkama

መንቃት

vaatama

መመልከት

nutma

ማለልቀስ

paitama

መጫር

kammima

ማበጠር

rääkima

ማዉራት

aru saama

መረዳት

küsima

ጥያቄ

kuulama

ማዳመጥ

jooma

መጠጣት

sööma

መብላት

korrastama

ማንፃት

armastama

ማፍቀር

süüa tegema

ምግብ ማብሰል

sõitma

መንዳት

lendama

መብረር

purjetama

መርከብ መንዳት

arvutama

ቁጥሮችን ማስላት

lugema

ማንበብ

õppima

መማር

töötama

መስራት

abielluma

ማግባት

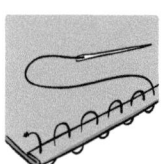

õmblema

መስፋት

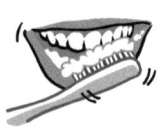

hambaid pesema

ጥርስ መቦረሽ

tapma

መግደል

suitsetama

ማጨስ

saatma

መላክ

vanaema
የሴት አያት

vanaisa
የወንድ አያት

isa
አባት

ema
እናት

imik
ህፃን

tütar
ሴት ልጅ

poeg
ወንድ ልጅ

külaline

እንግዳ

tädi

አክስት

onu

አጎት

vend

ወንድም

õde

እህት

# keha

## አካል

otsmik
ግንባር
silm
አይን
õlg
ትከሻ
sõrm
ጣት
nägu
ፊት
lõug
አገጭ
käsi
እጅ
rind
ጡት
jalg
እግር
käsivars
ክንድ

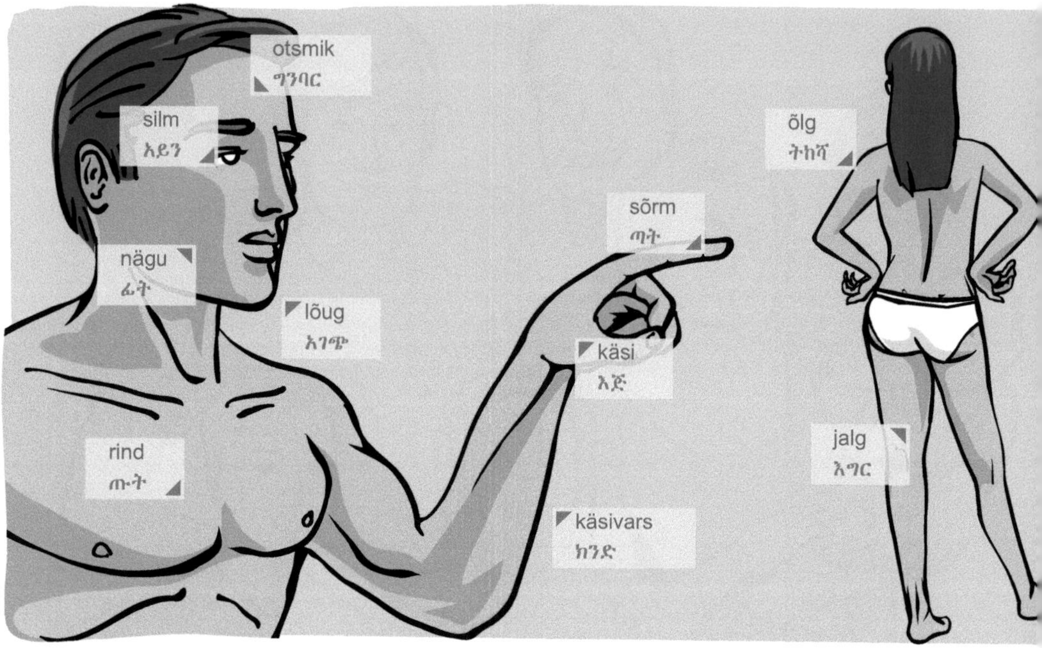

imik

ህፃን

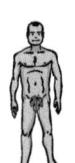

mees

ሰዉ

naine

ሴት

tüdruk

ልጃገረድ

poiss

ወንድ ልጅ

pea

ራስ

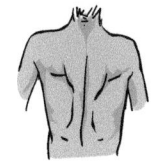

selg

ጀርባ

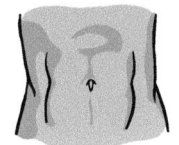

kõht

ሆድ

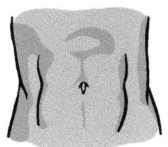

naba

እምብርት

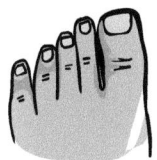

varvas

የእግር ጣት

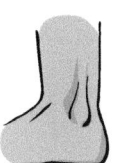

kand

ተረከዝ

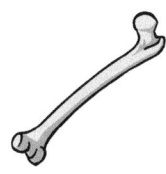

luu

አጥንት

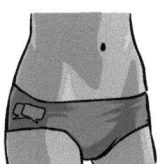

puus

ዳሌ

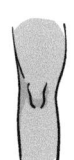

põlv

ጉልበት

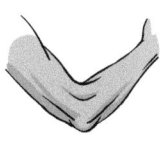

küünarnukk

ክርን

nina

አፍንጫ

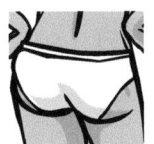

tagumik

ቂጥ

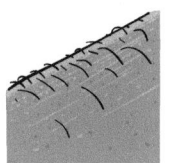

nahk

ቆዳ

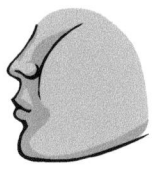

põsk

ጉንጭ

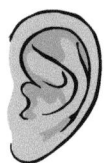

kõrv

ጆሮ

huuled

ከንፈር

suu

አፍ

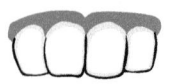

hammas

ጥርስ

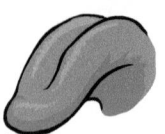

keel

ምላስ

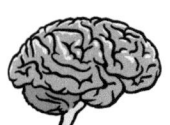

aju

አንጎል

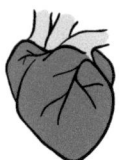

süda

ልብ

lihas

ጡንቻ

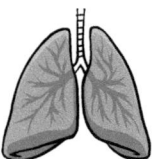

kops

ሳምባ

maks

ጉበት

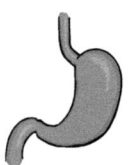

magu

ሆድ

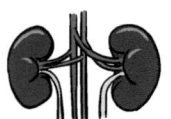

neerud

ኩላሊቶች

seksuaalvahekord

የግብረስጋ ግንኙነት

kondoom

ኮንዶም

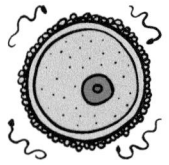

munarakk

የሴት እንቁላል

sperma

የዘር ፈሳሽ

rasedus

እርግዝና

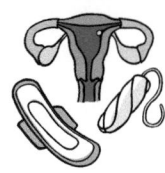

menstruatsioon

የወር አበባ

vagiina

እምስ

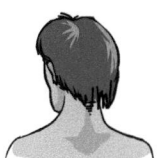

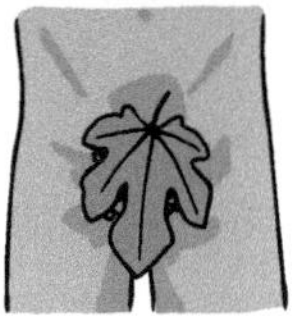

peenis

ቁላ

kulm

ቅንድብ

juuksed

ፀጉር

kael

አንገት

keha - አካል

# haigla

## ሆስፒታል

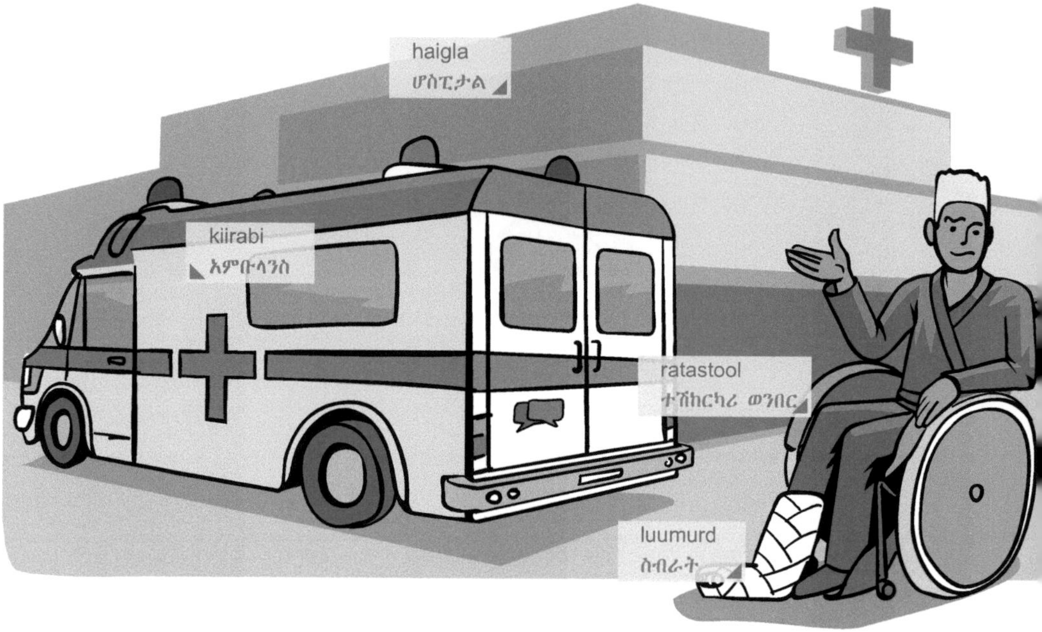

haigla
ሆስፒታል
kiirabi
አምቡላንስ
ratastool
ተሽከርካሪ ወንበር
luumurd
ስብራት

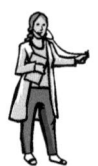

arst

ዶክተር

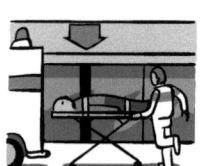

traumapunkt

ድንገተኛ ክፍል

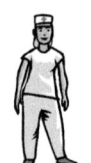

meditsiiniõde

ነርስ

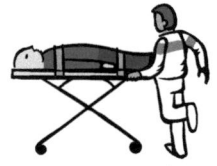

hädaolukord

ድንገተኛ

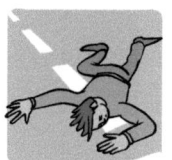

teadvuseta

ራስን መሳት/ አለማወቅ

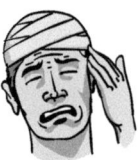

valu

ህመም

vigastus

ጉዳት

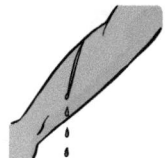

verejooks

መድማት

südamerabandus

የልብ ድካም

insult

ስትሮክ

allergia

አለርጂ

köha

ሳል

palavik

ትኩሳት

gripp

ኢንፍሎዌንዛ

kõhulahtisus

ተቅማጥ

peavalu

የራስ ምታት

vähk

ካንሰር

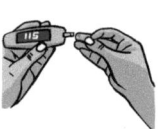

diabeet

የስኳር በሽታ

kirurg

ቀዶ ጠጋኝ ሐኪም

skalpell

የቀዶ ጥገና ስለት

operatsioon

ቀዶ ጥገና

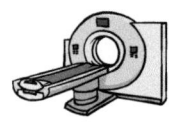

KT

ሲቲ

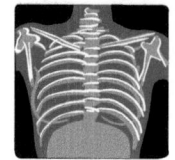

röntgen

ኤክስሬዩ

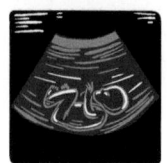

ultraheli

አልትራሳዉንድ

mask

የፊት ጭምብል

haigus

በሽታ

ooteruum

መጠበቂያ ክፍል

kark

ምርኩዝ

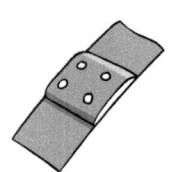

kips

የቁስል ማሸጊያ

side

ፋሻ

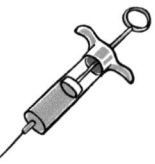

süst

መርፌ

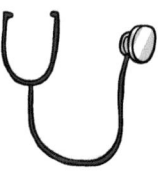

stetoskoop

የልብ ምት ማዳመጫ መሳሪያ

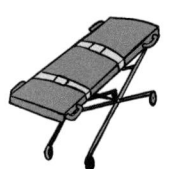

kanderaam

የበሽተኛ አልጋ

kraadiklaas

የህክምና ሙቀት መለኪያ መሳሪያ

sünd

መውለድ

ülekaaluline

ከልክ ያለፈ ክብደት

kuuldeaparaat

ለመስማት የሚረዳ መሳሪያ

desinfektsioonivahend

ፀረ ተባይ መድሀኒት

põletik

ማመርቀዝ

viirus

ቫይረስ

HIV / AIDS

ኤች አይቪ ኤድስ

meditsiin

ህክምና

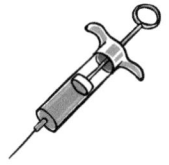

vaktsineerimine

ክትባት

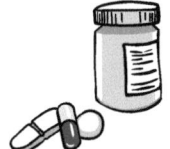

tabletid

ኪኒን

pill

ኪኒን

hädaabikõne

አስቸኳይ የስልክ ጥሪ

vererõhuaparaat

ደም ግፊት መቆጣጠሪያ

haige / terve

ህመም/ ጤንነት

# hädaolukord
## ድንገተኛ

Appi!

.....................

እርዳታ!

häire

.....................

ማንቂያ ደወል

kallaletung

.....................

ጥቃት

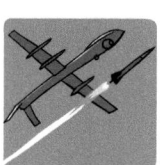

rünnak

.....................

ድብደባ

oht

.....................

አደጋ

avariiväljapääs

.....................

የድንገተኛ መውጫ

Tulekahju!

.....................

እሳት!

tulekustuti

.....................

እሳት ማጥፊያ

õnnetus

.....................

አደጋ

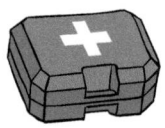

esmaabikomplekt

.....................

የመጀመሪያ እርዳታ መድሃኒት መያዣ

SOS

.....................

ነፍስ አድን

politsei

.....................

ፖሊስ

Euroopa

አዉሮፓ

Põhja-Ameerika

ሰሜን አሜሪካ

Lõuna-Ameerika

ደቡብ አሜሪካ

Aafrika

አፍሪካ

Aasia

እስያ

Austraalia

አዉስትራሊያ

Atlandi ookean

አትላንቲክ

Vaikne ookean

ፓስፊክ

India ookean

የህንድ ዉቅያኖስ

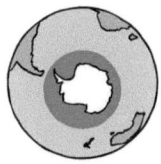

Lõuna-Jäämeri

አንታርክቲክ ዉቅያኖስ

Põhja-Jäämeri

አርክቲክ ዉቅያኖስ

põhjapoolus

ሰሜን ዋልታ

lõunapoolus

ደቡብ ዋልታ

Antarktika

አንታርክቲካ

Maa

ምድር

maismaa

መሬት

meri

ባህር

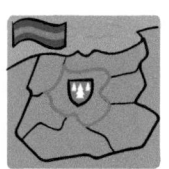

saar

ደሴት

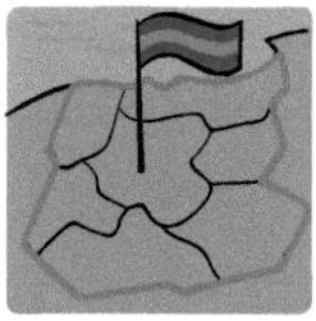

rahvus

አገርና ህዝብ

riik

መንግስት

# kell

## ሰዓት

sihverplaat

የሰዓት ገፅታ

tunniosuti

ሰዓት

minutiosuti

ደቂቃ

sekundiosuti

ሴኮንድ

Mis kell on?

ስንት ሰዓት ነው?

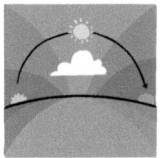

päev

ቀን

aeg

ጊዜ

praegu

አሁን

digitaalne kell

የቁጥር ሰዐት

minut

ደቂቃ

tund

ሰዓታት

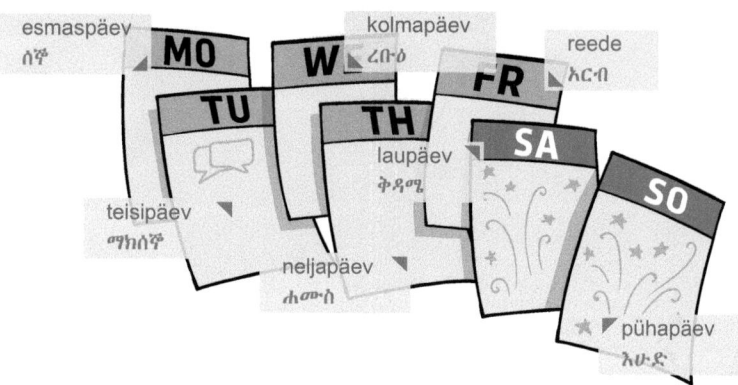

# nädal

## ሳምንት

esmaspäev
ሰኞ
teisipäev
ማክሰኞ
kolmapäev
ረቡዕ
neljapäev
ሐሙስ
reede
አርብ
laupäev
ቅዳሜ
pühapäev
እሁድ

eile

ትላንት

täna

ዛሬ

homme

ነገ

hommik

ማለዳ

lõuna

ቀትር

õhtu

ምሽት

tööpäevad

የስራ ቀናት

nädalavahetus

የዕረፍት ቀናት

# aasta

## ዓመት

vihm
ዝናብ
vikerkaar
ቀስተ ዳመና
lumi
ጥጥ የሚመስል አመዳይ በረዶ
kevad
ፀደይ
suvi
በጋ
sügis
መኸር
talv
ክረምት

4.APRIL 11°
5.APRIL 4°
6.APRIL 13°
7.APRIL 8°
8.APRIL 10°

ilmaennustus

የአየር ሁኔታ ትንበያ

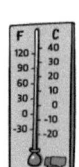

termomeeter

የሙቀት መለኪያ

päikesepaiste

የፀሀይ ሙቀት

pilv

ደመና

udu

ጭጋግ

niiskus

እርጥበታማነት

pikne

መብረቅ

kõu

ነጎድጓድ

torm

አዉሎ ንፋስ

rahe

የበረዶ ዝናብ

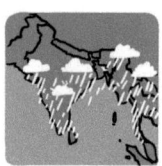

mussoon

አዉሎ ንፋስ

üleujutus

ጎርፍ

jää

በረዶ

jaanuar

ጥር

veebruar

የካቲት

märts

መጋቢት

aprill

ሚያዚያ

mai

ግንቦት

juuni

ሰኔ

juuli

ሐምሌ

august

ነሀሴ

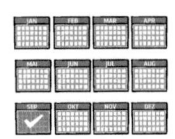

september

መስከረም

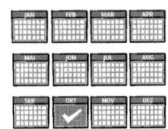

oktoober

ጥቅምት

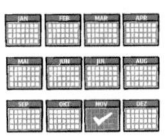

november

ህዳር

detsember

ታህሳስ

# kujundid

## ቅርፆች

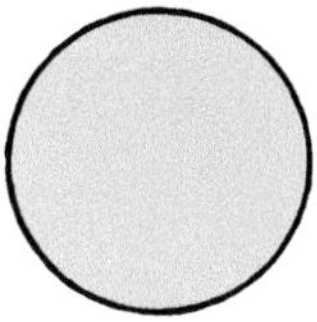

ring

ክብ

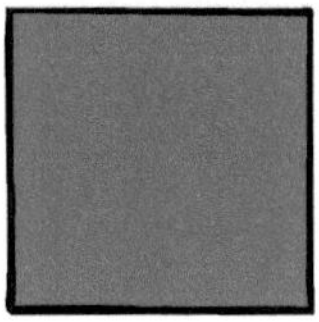

ruut

አራት ማዕዘን

nelinurk

አራት ቀጥተኛ ማዕዘኖች ጎኖች ያሉት ቅርፅ

kolmnurk

ሶስት ማዕዘን

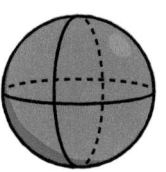

kera

ሉል

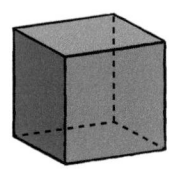

kuup

ስድስት ጎን ያለዉ ቅርፅ

# värvid

## ቀለማት

valge

ነጭ

kollane

ቢጫ

oranž

ብርቱካናማ

roosa

ሮዝ

punane

ቀይ

lilla

ወይን ጠጅ

sinine

ሰማያዊ

roheline

አረንጓዴ

pruun

ቡኒ

hall

ግራጫ

must

ጥቁር

palju / vähe

ብዙ/ ጥቂት

vihane / rahulik

ንዴት/ እርጋታ

ilus / inetu

ቆንጆ/ አስቀያሚ

algus / lõpp

ጅማሬ/ ፍፃሜ

suur / väike

ትልቅ/ ትንሽ

hele / tume

ደማቅ/ ደብዛዛ

vend / õde

ወንድም/ እህት

puhas / must

ንፁህ/ ቆሻሻ

täielik / puudulik

የተሟላ/ ያልተሟላ

päev / öö

ቀን/ ምሽት

surnud / elus

የሞተ/ ህያዉ

lai / kitsas

ሰፊ/ ጠባብ

söödav / mittesöödav

የሚበላ/ የማይበላ

kuri / sõbralik

ክፉ/ ደግ

põnevil / tüdinud

ደስተኛ/ ድብርተኛ

paks / peenike

ወፍራም/ ቀጭን

esimene / viimane

መጀመርያ/ መጨረሻ

sõber / vaenlane

ጓደኛ/ ጠላት

täis / tühi

ሙሉ/ ጎዶሎ

kõva / pehme

ጠንካራ/ ለስላሳ

raske / kerge

ከባድ/ ቀላል

nälg / janu

ረሃብ/ ጥማት

haige / terve

ህመም/ ጤንነት

ebaseaduslik / seaduslik

ህገወጥ/ ህጋዊ

tark / rumal

ጎበዝ/ ደደብ

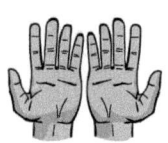

vasak / parem

ግራ/ ቀኝ

lähedal / kaugel

ቅርብ/ ሩቅ

uus / kasutatud

አዲስ/ አሮጌ

mitte midagi / midagi

ምንም/ የሆነ ነገር

vana / noor

ሽማግሌ/ ወጣት

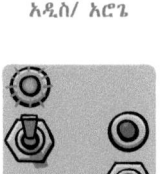

sees / väljas

የበራ/ የጠፋ

lahti / kinni

ክፍት/ ዝግ

vaikne / vali

ፀጥታ/ ጫጫታ

rikas / vaene

ሃብታም/ ደሃ

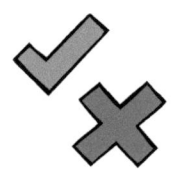

õige / vale

ትክክለኛ/ የተሳሳተ

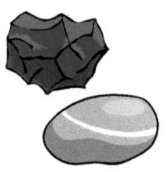

kare / sile

ሻካራ/ ለስላሳ

kurb / rõõmus

ሐዘን/ ደስታ

lühike / pikk

አጭር/ ረዥም

aeglane / kiire

ዝግተኛ/ ፈጣን

märg / kuiv

እርጥብ/ ደረቅ

soe / jahe

ሞቃት/ ቀዝቃዛ

sõda / rahu

ጦርነት/ ሰላም

# numbrid

## ቁጥሮች

| | | |
|---|---|---|
| 0 | 1 | 2 |
| null | üks | kaks |
| ዜሮ | አንድ | ሁለት |
| 3 | 4 | 5 |
| kolm | neli | viis |
| ሶስት | አራት | አምስት |
| 6 | 7 | 8 |
| kuus | seitse | kaheksa |
| ስድስት | ሰባት | ስምንት |
| 9 | 10 | 11 |
| üheksa | kümme | üksteist |
| ዘጠኝ | አስር | አስራ አንድ |

**12**

kaksteist

አስራ ሁለት

**13**

kolmteist

አስራ ሶስት

**14**

neliteist

አስራ አራት

**15**

viisteist

አስራ አምስት

**16**

kuusteist

አስራ ስድስት

**17**

seitseteist

አስራ ሰባት

**18**

kaheksateist

አስራ ስስምንት

**19**

üheksateist

አስራ ዘጠኝ

**20**

kakskümmend

ሃያ

**100**

sada

መቶ

**1.000**

tuhat

ሺህ

**1.000.000**

miljon

ሚሊዮን

# keeled
## ቋንቋዎች

inglise
እንግሊዝኛ

Ameerika inglise
የአሜሪካ እንግሊዝኛ

mandariini
የቻይና ማንዳሪን

hindi
ሂንዱ

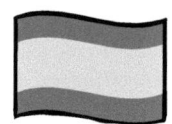

hispaania
ስፓኒሽ

prantsuse
ፍሬንች

araabia
አረብኛ

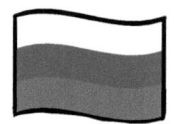

vene
ራሺያኛ

portugali
ፖርቹጊዝ

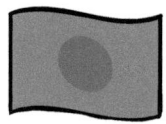

bengali
ቤንጋሊ

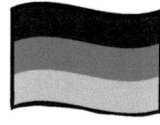

saksa
ጀርመን

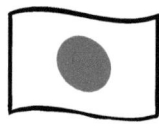

jaapani
ጃፓንኛ

# kes / mis / kuidas

## ማን/ ምን/ እንዴት

mina

እኔ

sina

አንተ

tema

እሱ/ እርሷ/ እቃዉ

meie

እኛ

teie

አንተ

nemad

እነርሱ

kes?

ማን?

mis?

ምን?

kuidas?

እንዴት?

kus?

የት?

millal?

መቼ?

nimi

ስም

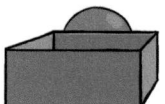

# kus

## የት

taga

በስተጀርባ

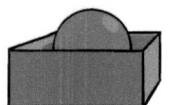

sees

ዉስጥ

ees

ከፊት ለፊት

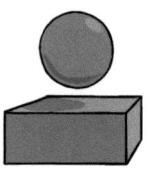

kohal

ከላይ

peal

ላይ

all

ከስር

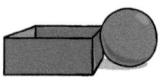

kõrval

አጠገብ

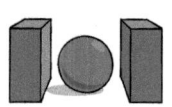

vahel

መሃከል

koht

ቦታ